Festlicher Umzug von Schulmädchen durch die Lange Straße, unbekannter Anlass, um 1910, aufgenommen von Friedrich Bolte.

Veröffentlichungen des Stadtmuseum
Band 86

Andreas von Seggern (Hg.)

Oldenburg um 1900

Zwischen Restauration und Aufbruch

ISENSEE VERLAG – OLDENBURG

Gestaltung:
Iris Dahlke, Isensee Verlag, Oldenburg
Satz:
Thomas Robbers

Bibliografische Informationen der Deutschen Bibliothek

Die Deutsche Bibliothek verzeichnet diese Publikation in der Deutschen Nationalbibliografie; detaillierte bibliografische Daten sind im Internet über <http://dnb.ddb.de abrufbar>.

ISBN 978-3-7308-1499-4

Gedruckt bei Isensee in Oldenburg

Bilder vom Abriss des Oldenburger ‚Centralbahnhofs', oben das Hauptportal, unten Blick in die Bahnsteighalle, 1911. Der stark überzeichnete historistische Bau wich 1915 einem noch heute bestehenden Gebäude im Jugendstil.

Vorwort

Es ist keine neue Erkenntnis, dass in Zeiten des Wandels bei vielen Menschen die Sehnsucht nach vermeintlich besseren, in der Vergangenheit verorteten Zeiten zunimmt. Die „gute alte Zeit“ wird als Kontrast des Gegenwärtigen beschworen, von der Satire bisweilen überspitzt zur Parole des „Vorwärts zum Rück!“ verdreht.

Wohl kaum einer anderen Epoche der deutschen Geschichte hat sich immer wieder der verklärende Blick stärker zugewandt als dem Deutschen Kaiserreich der Jahre 1871 bis 1914. Die Gründe sind auf den ersten Blick naheliegend: Die Pracht öffentlicher Bauten jener Zeit, gleich ob Theater, Gericht, Kaserne oder Bahnhof, prägt noch heute, soweit sie die Verheerungen des Zweiten Weltkrieges oder des automobil ausgerichteten Wiederaufbaus überstand, das Bild vieler deutscher Städte. Gleiches gilt für die erhaltenen Stadtviertel der sogenannten Gründerzeit der Jahrzehnte um 1900, obwohl sie architektonisch über das historische Zitat kaum hinausreichen. Nostalgisch verklärt werden zudem häufig die gesellschaftlichen Vorstellungen von Disziplin und Ordnung bedient, nicht zuletzt in unzähligen erhaltenen Fotografien „braver“ Schülerinnen und Schüler im Klassenverbund , von den Bildern paradierender Soldaten oder anderer militärischer ‚Exerzitien‘ zu schweigen.

Das alles aber verdeckt in historisch-kritischer Perspektive die nachweisbaren Widersprüche zu diesem Bild: Die ausgeprägte Klassengesellschaft, die soziale Deklassierung großer Bevölkerungsteile, die Gewaltaspekte einer zunehmend militarisierten Gesellschaft und die weiter ausbleibende Parlamentarisierung. So stellt sich für den Historiker in der Auseinandersetzung mit faszinierenden oder irritierenden Aspekten des Kaiserreichs stets die Frage, ob er nicht ahistorischer Nostalgie Vorschub leistet und damit im schlechtesten Fall die Auseinandersetzung über vielfältige Folgen des Wandels negativ befeuert.

Der Verfasser ist sich dieser Gefahr bewusst, gleichzeitig aber auch überzeugt, dass Nostalgie nicht per se kritikwürdig ist. Im besten Falle kann die Betrachtung historischer Bilder dieser Zeit für die jedem Wandel innewohnenden Gefährdungen sensibilisieren. Auf die Stadt Oldenburg übertragen, hat gerade der vermeintlich rückständige Blick in die städtebauliche Vergangenheit manchen fundamentalen Eingriff in gewachsene bzw. organisch geplante Stadtstrukturen der Jahre „um 1900“ verhindert. Erinnert sei etwa an die Planungen eines umfangreichen Erweiterungsbaus der Bezirksregierung Mitte der 1970er Jahre, dem an der Lindenallee eine ganze Zeile historischer Wohngebäude aus der Zeit der Jahrhundertwende zum Opfer gefallen wäre, wenn sich nicht engagierte Bürgerinnen und Bürger, zu denen auch Studierende der noch jungen Universität zählten, für den Erhalt eingesetzt hätten.

Dem nunmehr vorliegenden vierten Bildband zu verschiedenen Epochen und Aspekten der Oldenburger Stadtgeschichte liegen erneut die umfangreichen Bestände des historischen Fotoarchivs im Stadtmuseum Oldenburg zugrunde. Bereits 1985 hat der damalige Leiter des Museums, Wilhelm Gilly, eine bebilderte Dokumentation unter dem Titel „Oldenburg zur Zeit des Zweiten Deutschen Kaiserreiches 1871-1918“ vorgelegt, deren erfasster Bestand noch heute grundlegend ist, in den folgenden Jahrzehnten jedoch immer wieder um aussagekräftige Fotografien ergänzt werden konnte. Von den Oldenburger Fotografen an der Schwelle vom 19. zum 20. Jahrhundert haben mindestens die bedeutendsten ihre Spuren im Stadtmuseum hinterlassen: Genannt seien Jean Baptiste Feilner, Georg A. Kahlmeyer, Carl Heinrich Schröder, August Mohaupt, Franz Titzenthaler, Anna Feilner, Friedrich Bolte. Wo eine Zuordnung aufgrund schriftlicher Überlieferung möglich war, sind die Urheber in den Bildunterschriften genannt. Überhaupt ist in diesem Zusammenhang, wie bei den vorigen Bänden auch, darauf hinzuweisen, dass die Nachweise zu einzelnen Bildern häufig fehlen und damit eine topographische oder zeitliche Zuordnung wenn nicht unmöglich, so doch häufig schwer machen. Der geneigte Leser möge diesbezüglichen Fehlern mit Nachsicht begegnen und uns im besten Fall darüber aufklären. Das Stadtmuseum Oldenburg ist ausdrücklich dankbar für entsprechende Hinweise, die unser Bildarchiv sukzessive verbessern helfen.

Die Fülle des vorhandenen Materials ließ es geboten erscheinen, dass im vorliegenden Band, anders als im Falle Wilhelm Gillys, der Fokus auf die Jahre zwischen 1890 und 1914 gerichtet wurde. In dieser Beschränkung liegt gleichzeitig das Versprechen, frühere Fotografien auf der einen und die Zeit des Ersten Weltkrieges auf der anderen Seite mit bereits geplanten Bänden eingehender zu würdigen. Die vorliegende Arbeit ersetzt keine Forschungsarbeit über diese Zeit. Sie richtet sich vielmehr an ein historisch interessiertes Publikum, das einen womöglich ersten, vornehmlich visuellen Eindruck vom Facettenreichtum einer umstrittenen Epoche gewinnen möchte, in der sich die Gesellschaft – national wie lokal – mit bis heute reichenden Folgen verändert hat.

Oldenburg, November 2018

Andreas von Seggern

Gertrudenkapelle und Gertrudenkirchhof vor den Toren der Innenstadt gehen bis auf das hohe Mittelalter zurück. An dieser Stelle wurden – 1345 erstmals urkundlich erwähnt – Siechenhäuser für unheilbar bzw. ansteckend Kranke mit angeschlossenem Friedhof errichtet. Ab dem 17. Jahrhundert diente der Friedhof auch zunehmend als Grablege wohlhabenderer Bürger der Stadt. Mit der Auflösung des Friedhofes an der Lambertikirche war der Platz an der Gertrudenkapelle zentraler städtischer Grabplatz. Signifikanter Blickfang auf der um 1890 entstandenen Chromolithographie ist die zu diesem Zeitpunkt bereits mehrere hundert Jahre alte Linde, die bis in die 1930er Jahre stand.

Die Oldenburgische Glashütte, an der Stadtgrenze des benachbarten Osternburg zu Oldenburg gelegen, war von bescheidenen Anfängen seit 1845 um 1900 zu einem der wichtigsten Industriebetriebe der ansonsten industriell eher unterdurchschnittlich entwickelten Region herangewachsen. 1845 wurde die Glashütte in Osternburg gegründet. Knapp 700 Arbeiter stellten um 1900 etwa 25 Millionen Flaschen her. Als Brennmaterial wurde weißer Sand aus Donnerschwee und heimischer Torf genutzt. Die Produktion ging zu einem großen Teil in den Export, nach England oder auch in die führenden Weinanbaugebiete der iberischen Halbinsel. Dafür wurde der Werkshafen 1897 soweit ausgebaut, dass Schiffe bis 2,3 Meter Tiefgang am 200 Meter langen Kai anlegen konnten, hier in einer Fotografie von Franz Titzenthaler von 1898. Zur Optimierung des Transportweges hatte der erste Direktor der Glashütte, August Schultze, 1882 die „Oldenburg-Portugiesische-Dampfschiffs-Rhederei“ begründet, die 1900 bereits über 13 Schiffe verfügte, ihren Firmensitz jedoch noch vor dem Ersten Weltkrieg nach Hamburg verlegte.

622. P. Z - OLDENBURG. GART

Die 1806/09 ausgebaute, d.h. erstmals gepflasterte Gartenstraße, entwickelte sich rasch zur besten Adresse der Stadt und war bereits um 1860 vollständig bebaut. Die eigentlichen, auch heute noch dominierenden repräsentativen Wohngebäude entstanden überwiegend – nach Abbruch der Vorgängerbauten – in der Gründerzeit Ende des 19. Jahrhunderts.

Als Großherzog Nikolaus Friedrich Peter am 13. Juni 1900 verstarb, endete eine 47 Jahre währende Ära, die nicht nur das Bild der Residenz verändert und modernisiert hatte, sondern vor allem auch die oldenburgische Eigenständigkeit über die Einigungskriege und die preußisch dominierten zentralistischen Bestrebungen des Kaiserreiches hinweg erstaunlich selbstbewusst gewahrt hatte. In der Oldenburger Bevölkerung war der im Grundsatz konservative, bisweilen sich für die Verhältnisse der Zeit liberal gebende Landesherr als „alter Peter" durchaus populär. Zu den Beisetzungsfeierlichkeiten erschienen neben Kaiser Wilhelm II. (erste Reihe links) die führenden Repräsentanten nahezu aller deutschen Fürstenhäuser.
Die Fotografie zeigt den vom deutschen Kaiser angeführten Trauerzug etwa auf Höhe der Schlosswache auf dem Weg über den Marktplatz, die Lange Straße und die Heiligengeiststraße zum herzoglichen Mausoleum auf dem Gertrudenfriedhof.

Luftschiffe entwickelten sich zu Beginn des 20. Jahrhunderts zu Ikonen des technischen Fortschritts, deren Größe allein bereits faszinierte. Insbesondere die in dieser Hinsicht führenden, nach ihrem Entwickler benannten ‚Zeppeline' standen für viele Zeitgenossen stellvertretend für die Vormachtstellung des Deutschen Reiches auch auf technologischem Gebiet. Kaum ein anderes Ereignis vor dem Ersten Weltkrieg ist häufiger fotografiert, nur wenige enthusiastischer begrüßt worden wie die Landung des Luftschiffs Zeppelin (LZ) ‚Viktoria Luise' am 14. Juli 1912 auf dem Rennplatzgelände in Ohmstede, die von einer Kapelle mit der Volksweise ‚Kommt ein Vogel geflogen' begleitet wurde.

Einführung

von Andreas von Seggern

Das Deutsche Reich um das Jahr 1900 war ein Staat voller Widersprüche: Einer hochmodernen Wirtschaft und in Teilen auch Infrastruktur, nachgerade einem „Labor der Moderne“ [Frank-Lothar Kroll], stand ein restauratives politisches und gesellschaftliches System gegenüber. Die deutsche Industrie war zu einer der leistungsfähigsten weltweit geworden, deutsche Literaten und Naturwissenschaftler gehörten zu den ersten Nobelpreisträgern. Städte wie Hamburg, München, allen voran aber Berlin, zählten zu den bedeutendsten europäischen Metropolen. Die Seehäfen oder das Ruhrgebiet symbolisierten den stetig wachsenden Handel einer rasant boomenden Industrienation vor dem Hintergrund der beginnenden Globalisierung. „Made in Germany“ hatte sich vom Stigma zum Qualitätsmerkmal gewandelt. Weite Teile der Bevölkerung waren von einer Aufbruchsstimmung erfasst, die konfessionelle und zunehmend auch soziale Konflikte wenn nicht auflöste, so doch zumindest in den Hintergrund treten ließ. Aus historisch gänzlich unterschiedlich gewachsenen Einzelstaaten, die im Deutschen Bund nur lose verbunden waren und politisch – mit Ausnahme Preußens – kaum ins Gewicht fielen, die zudem wirtschaftlich weit hinter Großbritannien und Frankreich zurückstanden und die im Innern nach der gescheiterten Revolution von 1848/49 ihre Identität noch gar nicht gefunden hatten, war eine Großmacht geworden, die nun den Anspruch erhob, künftig als neue, wenn nicht gar führende Weltmacht anerkannt zu werden.

Trotz dieser Erfolge, der militärischen Stärke und der vermeintlichen inneren Harmonie, die dieses durch eine Vielzahl von Daten zu untermauernde Bild suggeriert, gilt das Deutsche Reich der Jahre zwischen 1871 und 1918 in der historischen Forschung bis heute als „unfertige Nation“, als europäischer Störenfried und Gesellschaft der Gegensätze. Die diesem Staat innewohnende Ruhelosigkeit, die jedoch in dieser Epoche keineswegs spezifisch deutsch war, gipfelte im kennzeichnenden Topos vom „nervösen Zeitalter“ [Joachim Radkau]. Das Kaiserreich, so der häufige Tenor, habe im Vergleich zu den Ländern Westeuropas seit dem Tag der Kaiserproklamation in Versailles am 18. Januar 1871 einen „Sonderweg“ beschritten, der, gleichermaßen symbolträchtig, erst mit der Unterzeichnung des sogenannten „Diktatfriedens“ an gleicher Stelle ein halbes Jahrhundert später sein – vorläufiges – Ende gefunden habe. Der für die Zeit nach der Entlassung des ersten Reichskanzlers Otto von Bismarck 1890 charakteristische Wille führender Repräsentanten des wilhelminischen Deutschland, Weltmacht zu werden und dafür notfalls auch einen Krieg zu riskieren, die Novemberrevolution 1918, in der die Kronen der regierenden Monarchen innerhalb weniger Tage hinweggefegt wurden, sowie die Suche nach Erklärungen für die „deutsche Katastrophe“ [Friedrich Meinecke] der Jahre 1933-1945 waren maßgeblich verantwortlich für diesen kritischen Blick auf die Bismarck-Ära und die folgende wilhelminische Epoche.

Durch eine Vielzahl an Studien ist dieses Bild in den vergangenen Jahren differenzierter geworden, sind die Modernitätsaspekte des Kaiserreiches wieder stärker in den Vordergrund gerückt. Nicht zu leugnen ist freilich dies: Die deutsche Gesellschaft unmittelbar vor 1914 war eine Klassengesellschaft. Die Herkunft entschied über die soziale Situation, den Werdegang und die Lebenschancen. Adel und Bürgertum auf der einen, die breite Masse der Industrie- und Landarbeiter auf der anderen Seite waren scharf voneinander getrennt. Innerhalb des breiten Mittelstandes nahm die soziale Mobilität zwar zu, der Aufstieg in die nächst höhere Schicht blieb aber schwierig; selbst der Adel, der seine Exklusivität zu wahren versuchte, und das Bürgertum näherten sich nur bedingt einander an. Damit einher ging der unverändert hohe Rang, den das Militär innerhalb der Gesellschaft einnahm. Seine Führungspositionen blieben dem Adel vorbehalten. Die Reichsregierung war dem Reichstag nicht verantwortlich, weite Bereiche staatlichen Handelns – Diplomatie, Verwaltung und Justiz – blieben dem Einfluss des Reichstages entzogen; die Kommandogewalt des Monarchen stellte sicher, dass das Militär ein zuverlässiges Instrument allein der Regierung war. Hinzu kam die im Kern weiter bestehende Ausgrenzung von sogenannten „Reichsfeinden“, allen voran der Sozialdemokraten und der ethnischen Minderheiten.

Doch so sehr die Bismarck'sche Reichsverfassung das Alte zu wahren suchte, so sehr begann sich die Verfassungsrealität, wenn auch sehr langsam, zu ändern. Die zahlreichen Versuche, den Prozess der Parlamentarisierung und Demokratisierung zu verhindern, erwiesen sich zunehmend als untauglich. Das zeigte nicht zuletzt die stetig wachsende Beteiligung an den Reichstagswahlen als Beleg für eine immer lebendigere politische Kultur, die breitere Bevölkerungskreise erfasste und vom wachsenden Einfluss der Medien befeuert wurde. Die Reformbereitschaft der alten Eliten blieb freilich gering, Bürgertum und Arbeiterschaft standen sich weiter eher ablehnend gegenüber. Hinzu kam der wachsende Einfluss nationaler Verbände, die die Stimmung zusätzlich anheizten und damit die Parteien rechts von der SPD und die Reichsregierung mit ihren radikalen Forderungen nach einer dynamischen Innen- und Außenpolitik unter Druck setzten. Dass sich die Reichsleitung im Juli 1914 zum „Sprung ins Dunkle“ [Theobald v. Bethmann-Hollweg] entschloss, den Krieg des einzigen zuverlässigen Bündnispartners Österreich-Ungarn rückhaltlos – als „Blankoscheck“ – unterstützte und dabei auch das Risiko eines Kontinentalkrieges in Kauf nahm, hatte nicht allein mit dem Willen zu tun, eine „einmalig“ erscheinende Chance zur „Revolutionierung des internationalen Systems" zu nutzen, sondern auch mit dem Druck, unter dem sie aufgrund der – freilich selbst geweckten – Erwartungen stand.

Die Stadt Oldenburg war bis weit ins 20. Jahrhundert hinein Zentrum des vorwiegend agrarisch strukturierten, abseits großer Fernhandelswege gelegenen Weser-Ems-Raumes im äußersten Nordwesten Deutschlands. Bis zum Beginn des Ersten Weltkrieges verlief ihre Entwicklung weit weniger dynamisch als in vielen anderen Teilen des Reiches. Industrie hatte sich vor allem im vor den Toren der Stadt gelegenen Osternburg angesiedelt. So wies die Stadt eine überwiegend organisch gewachsene, von äußeren Einflüssen nur wenig berührte sozio-ökonomische Struktur auf. In den letzten Jahren vor dem Ersten Weltkrieg wurde sie überproportional von ihrer Funktion als Residenz des Großherzogs, regional bedeutender Handels-, Banken- und Dienstleistungsplatz und darüber hinaus von ihrer Anziehungskraft auf Rentiers des Oldenburger Landes sowie von der vergleichsweise starken Garnison geprägt, mithin „von der Industrialisierung gleichsam nur angeritzt und [...] von bürgerlicher Mentalität beherrscht." [Heinrich Schmidt] Während in allen mitteleuropäischen Staaten, die von der Industrialisierung erfasst wurden, die aus der ökonomischen Dynamik resultierende „Vergroßstädterung am Vorabend des Ersten Weltkrieges abgeschlossen" [Jürgen Reulecke] war, lag die Stadt Oldenburg als administratives Herz eines wirtschaftlichen Passivraums etwas abseits dieses Geschehens. Ihr grundsätzlicher Charakter blieb weit in das 20. Jahrhundert hinein der einer überschaubaren Mittelstadt „mit einer Abneigung [...] gegen das Fabrikwesen mit seinen rauchenden Schornsteinen, seiner unruhigen Bevölkerung" [Hugo Ephraim] sowie einem weit über dem Reichsdurchschnitt liegenden Anteil des Dienstleistungssektors am ökonomischen Gefüge der Stadt. Dass man von den Geschehnissen in Oldenburg im Übrigen über die Grenzen der Region hinaus kaum oder gar keine Notiz nahm, zeigten nicht zuletzt die zeitgenössischen Historisch-politischen Jahresübersichten des Publizisten Gottlob Egelhaaf, in denen Oldenburg selbst im Vergleich mit ähnlich marginalen Reichsteilen wie Mecklenburg, Schaumburg oder Schwarzburg-Rudolstadt mit Blick auf die Anzahl von Erwähnungen nicht selten abfiel.

Für die Menschen vor Ort erschienen die Veränderungen der vorangegangenen drei Jahrzehnte dennoch gewaltig. Große stadtbildprägende Gebäude wie das Theater, die Hauptpost oder der 1912 begonnene neue Hauptbahnhof waren die Insignien eines überwiegend positiv wahrgenommenen, nachholenden Weges in eine vermeintlich glänzende Zukunft. Die zunehmende Expansion der Wohngebiete, topographisch und stadträumlich bedingt vornehmlich im Nordwesten und Westen, stieß jedoch nicht überall auf ungeteilte Zustimmung. Der 1893 in Oldenburg geborene und aufgewachsene Philosoph Karl Jaspers erinnerte rückblickend in der Stadt „eine Stimmung, die (...) bedrückte und ödete. Die Stimmung grauen Regens, trüber Scheiben, die Bilder von schlecht riechenden Schutthaufen, verwahrlosten Bauplätzen gehörten zur Stadt." Vom – aus Sicht vieler Zeitgenossen – Unbill der Industrialisierung allerdings, die sich andernorts sozial und gesellschaftlich zeigte, blieb die Stadt weitgehend verschont, auch wenn sie sich am Aufbruchsgeist der Epoche durchaus beteiligt wähnte. Geradezu beispielhaft dafür standen die spektakuläre, auch überregional wahrgenommene Landesausstellung 1905 sowie die Landung des Luftschiffes LZ 11 „Victoria Augusta" am 7. Juli 1912 auf dem Rennplatz in Ohmstede, die von einer enthusiastischen Menschenmenge verfolgt wurde. Nicht ohne Stolz konnte das evangelische „Oldenburger Sonntagsblatt" im Frühjahr 1913 auf einen beeindruckenden, in den zurückliegenden Jahren vollzogenen Wandel verweisen: „Die Stadt Oldenburg wird im Sommer von Ausflüglern viel aufgesucht. Wer sie längere Zeit nicht gesehen hat und sie nun wieder durchwandert, der muß gestehen, daß sie sich außerordentlich entwickelt hat und überall neue, kräftige Ansätze zeigt. Der neue Bahnhof ist im Entstehen, die Wohnhäuser auf dem „neuen Dobbenviertel" rücken den Dobbenteichen immer näher, eine Frauen-Badeanstalt ist fertig gestellt, in den Straßen fahren geschmackvolle und geschickt geleitete Autodroschken, und was der guten Dinge mehr sind."

Wie kaum ein anderes Bauvorhaben drückte sich wohl in der Bahnhofsfrage der Mentalitätswandel, dem auch die Stadt Oldenburg spätestens mit dem beginnenden 20. Jahrhundert unterlag, beispielhaft aus: Der erste, 1879 eröffnete „Centralbahnhof" war vermeintlich zeittypisch historisiert und mutete vielen Zeitgenossen eher wie eine ‚Bahnhofs-Burg' an. Der Bau wurde nie angenommen und auswärts eher als Auswuchs residenzlerischer Romantik verspottet. Für ein Bauwerk dieser Größenordnung ungewöhnlich, wurde das Gebäude bereits 1911 wieder abgetragen und durch einen auch für damalige Verhältnisse in Form und Funktion modernen Bau im Jugendstil ersetzt, der noch heute vom verspäteten Oldenburger „Aufbruch in die Moderne" zeugt.

Stadtbild

Seit dem 16. Jahrhundert wurde in der an der Hunte auf Höhe der Mühlenstraße gelegenen Kornmühle für die städtische Mehlversorgung gemahlen. Im Mai 1886 wurde sie stillgelegt. Die mit „1891" bezeichnete Aufnahme von Franz Titzenthaler belegt, dass die Mühle nicht sofort abgerissen wurde. Sie diente seit 1888 als Elektrizitätswerk, wurde dann aber Anfang der 1890er Jahre abgetragen, wohl da ihr Erscheinungsbild nicht mit der repräsentativen neuen Anlage des Paradewalls zu vereinbaren war.

Das Haus Lange Straße 17, zur Linken an die dort beginnende Achternstrasse angrenzend, war seit 1758 im Besitz der Kaufmannsfamilie Ritter. Das im Bild zu sehende Gebäude musste 1895 dem noch heute existierenden, im Stil der Zeit historistisch gestalteten Haus weichen. Die Aufnahme entstand vermutlich kurz vor dem Abriss. Gut fünf Jahrzehnte später wurde das neue Gebäude von der Firma Leffers erworben – aus dem „Ritters Eck" wurde das heute im Volksmund zitierte „Leffers Eck".

Westlich des Haarentores, auf einem dreieckig angelegten Grundstück zwischen Ofener Straße, Steinweg und Peterstraße, war 1878 ein Denkmal für die gefallenen Oldenburger Soldaten des Deutsch-Französischen Krieges 1870/71 eingeweiht worden. Auf der sechseinhalb Meter hohen „Siegessäule" stand bis zu ihrer kriegsbedingten Einschmelzung 1940 die vergoldete Replik der Siegesgöttin Viktoria, geschaffen von Christian Daniel Rauch. Im Hintergrund zu sehen ein klassizistisches Wohnhaus, das 1894 dem Bau der Methodistenkirche weichen musste.

Den westlichen Teil der Innenstadt schloss seit 1815 der „Platz vor dem Haarentor" ab. Vom herzoglichen Baumeister Josef Bernhard Winck spiegelbildlich angelegt, stand hier die 1807 zwischen Kurwick- und Haarenstraße errichtete erste katholische Kirche Oldenburgs, im vorliegenden Bild am rechten Rand zu erkennen. Mit der 1876 in der Peterstraße geweihten St.-Peter-Kirche erfuhr der Bau anschließend eine Nutzung als Café und Hotel. Aus Anlass des 100. Geburtstages des ersten Dramaturgen am Hoftheater wurde der Platz am 8. Juli 1903 nach Julius Mosen umbenannt. Hier befand sich auch das bis in die 1950er Jahre bestehende Café Spalthoff (Mitte des Bildes).

Die Lambertikirche von Südwesten mit Blick auf den Kasinoplatz, aufgenommen um 1890. Zwischen 1873 und 1889 wurde der zuvor rein klassizistisch ausgeführte Bau der Kirche nach den Plänen des Architekten Ludwig Klingenberg im neogotischen Stil überbaut. Dabei entstand 1875 auch der zentrale Kirchturm, dessen ungewöhnlich verklinkerte Turmspitze jedoch überproportioniert und wenig sturmfest war und – sehr zum Ärger Klingenbergs – in den Jahren 1889 bis 1893 in Teilen rückgebaut und den Größenverhältnissen der Kirche angepasst wurde. Im Kontrast zur Neogotik von St. Lamberti stehen die klassizistischen Bauten des Kammergebäudes (rechts) und des Civil-Casinos (links), die 1831 beziehungsweise 1840/41 von Heinrich Strack errichtet wurden.

Blick in die Lange Straße, um 1895.

H. Fischer

Zentrale der Oldenburger Versicherungsgesellschaft an der Bahnhofstraße, Ecke Rosenstraße, aufgenommen von Franz Titzenthaler 1890. Der im gründerzeitlich adaptierten Stil eines Palazzo 1878 vom Hofbaumeister Gerhard Schnitger (1841-1917) errichtete Bau ist bis heute in der Fassadengestalt weitgehend unverändert erhalten.

Beinahe mediterranes Flair strahlt die durch heruntergelassene Markisen an den Geschäften geprägte Haarenstraße in einer Aufnahme Franz Titzenthalers aus dem Jahre 1895 aus. Im dritten Haus auf der rechten Straßenseite befindet sich das Traditionsgeschäft Leder Holert.

Eine ungewöhnliche Perspektive auf die Lange Straße am nördlichen Ende, aufgenommen um 1895. Seit jeher war die innerstädtische Hauptstraße in diesem Bereich von den attraktivsten Geschäften der Stadt gesäumt, auch wenn sie nicht an die Flanier- und Prachtmeilen anderer Städte heranreichte. Hier konnte man dem holprigen Gang auf Kopfsteinpflaster entgehen, auf geklinkertem Gehweg flanieren und sich an den Auslagen, wie etwa auf der rechten Seite an dem mit Säulen und Rundbögen verzierten Geschäft von Gustav Boycken mit Galanterien und Kurzwaren erbauen.

Blick auf die Zentrale der am 15. Januar 1869 gegründeten Oldenburgischen Landesbank an der Ritterstraße. Das erste Gebäude war 1893/94 dem im gründerzeitlichen Stil geschaffenen Neubau gewichen, der auf dieser Aufnahme von 1903 zu sehen ist. Zusammen mit den ebenfalls zu erkennenden Hotels „Wahnbeck's" und „Zur Post" sowie der am linken Bildrand zu erkennenden, 1902 errichteten Hauptpost war an dieser Stelle der Stadt ein repräsentativer Eingang in die innere Stadt entstanden.

Marktplatz mit Rathaus, Fotografie von 1890. Der 1887 fertiggestellte Bau ersetzte den an dieser Stelle stehenden Renaissance-Vorläufer aus dem Jahr 1635, der zu klein dimensioniert und baufällig war. Den neogotischen Entwurf lieferten die Berliner Architekten Matthias von Holst und Carl Zaar, die Ausführung verantwortete Stadtbaumeister Noack. Vorausgegangen war eine kontroverse Diskussion über den Standort eines neuen Rathauses, den eine knappe Minderheit des Rates auf dem Cäcilienplatz realisiert sehen wollte. Die Entscheidung für den Marktplatz führte zwangsläufig zu massiven Beschränkungen des Baukörpers; als das Rathaus schließlich errichtet war, stellte es sich rasch als zu klein für die stetig wachsenden Ansprüche der Stadt heraus: Die Suche nach einem geeigneteren Standort begleitete die städtische Politik auch in den folgenden 100 Jahren.

istenmacher

Blick in die Baumgartenstraße, um 1900.

Ansicht von Schloss, Schlossplatz und Innerem Damm, Fotografie von Franz Titzenthaler, 1891. Das Foto zeigt das Schloss noch mit dem in den 1770er Jahren gebauten „dänischen Flügel", der 1894 einem größeren Anbau mit Festsaal und aufgesetztem Zwiebelturm weichen musste. Über den Inneren Damm, hier von Baumreihen gesäumt, lief bis in die 1960er Jahre der gesamte Verkehr zwischen Innenstadt und Damm.

Straßenszene in der Osterstraße, auf der Höhe Hausnummer 14, aufgenommen 1911.

Gesellschaft

Ein Gruppenbild der Schülerverbindung „Camera Obscura“, aufgenommen 1904. Die studentischem Vorbild nacheifernde Verbindung entstand am (Alten) Gymnasium. Sie war eigentlich verboten, wurde jedoch stillschweigend geduldet. Mit studentischer Attitüde posierte man vor der Verbindungsfahne, standesgemäß entweder mit aufgeschlagenem Kommersbuch oder erhobenem Bierhumpen.

Die Oberrealschule an der Herbartstraße, Fotografie um 1890. 1872 nach Entwurf des Architekten Heinrich Früstück als Realschule errichtet, wurde sie 1885 in den Rang einer Oberrealschule gehoben und war damit das pädagogische Pendant zum bereits 1573 als Lateinschule gegründeten Gymnasium. Im Gegensatz zum altsprachlichen Schwerpunkt der Gymnasien bildete die Lehre der naturwissenschaftlichen Fächer den Schwerpunkt der Oberrealschulen.

Schülerinnen der Thalen-Schule beim Spiel, 1897. Die auf Initiative der Schwestern Ida und Elisabeth Thalen gegründete private „Schule für höhere Töchter“ stand an der Peterstraße 19 (heute Nr. 27).

Klassenfoto der Quinta (= 6. Klasse) des Alten Gymnasiums Oldenburg, aufgenommen 1900.

Lehrerkollegium, vermutlich der Stadtknabenschule am Waffenplatz, um 1905.
Unten, 2. von links (sitzend), der Schriftsteller und Pädagoge Georg Ruseler.

Nach dem Tod des Großherzogs Nikolaus Friedrich Peter trat am 13. Juni 1900 dessen ältester Sohn Friedrich August die Nachfolge an. Ökonomisch knüpfte er an die moderaten Modernisierungsbestrebungen seines Vaters an, setzte sich für den Ausbau der Unterweser-Häfen sowie des Hunte-Ems-Kanals ein und förderte die Ansiedlung industrieller Betriebe wie etwa der Hansa-Automobilwerke in Varel. Seine nautischen Interessen, die er im Studium weiter ausbildete, trugen ihm schließlich die von Kaiser Wilhelm II. verliehene Admiralswürde sowie die Ehrenpräsidentschaft der Schiffbautechnischen Gesellschaft ein. Während sein Vater seine grundsätzlich konservative Grundhaltung in politischen Fragen durch gelegentlich liberalen Anstrich zu tarnen wusste, trat Friedrich August – ganz im bramarbasierenden Stil Wilhelms II. – „mit den Allüren eines preußischen Offiziers" (Karl Jaspers) auf. Im Ersten Weltkrieg zählte er zu den schärfsten Annexionisten, denen Gebietserweiterungen und Einflusssphären des Deutschen Reiches nicht weit genug gehen konnten. Nach seiner Abdankung am 11. November 1918 zog er sich auf das Schloss Rastede zurück. Als Hauptaktionär der 1923 gegründeten Fleischwarenfabrik Bölts AG konnte er wirtschaftlich nicht reüssieren – die Firma musste bereits 1927 Konkurs anmelden. Gesellschaftlich und politisch blieb er jedoch auch in der Weimarer Republik präsent und zählte zu den exponierten Gegnern der Weimarer Republik in derRegion. Die Beisetzungsfeierlichkeiten nach seinem Tod am 24. Februar 1931 waren eines der größten gesellschaftlichen Ereignisse im Oldenburg der Zwischenkriegszeit und aufgrund seines in weiten Teilen der Bevölkerung offenkundig unverändert hohen Ansehens ein Menetekel für das bald darauf folgende Ende der ersten Demokratie im Freistaat Oldenburg.

Gerade in der zweiten Hälfte des 19. Jahrhunderts war die Bedeutung der Garnison für die Stadt Oldenburg enorm gewachsen. Davon zeugten neue Kasernenbauten am Pferdemarkt (Infanterie), in Donnerschwee (Infanterie), an der Ofener Straße/Auguststraße (Artillerie) und im benachbarten Osternburg (Dragoner). Die damit verbundene gesellschaftliche Bedeutung des höheren Offizierskorps spiegelte sich daher in Oldenburg bis 1918 in einer für das Deutsche Kaiserreich insgesamt typischen Weise wieder. Es galt als „Erster Stand im Staate“ und war in der Regel konservativ und antiparlamentarisch geprägt. Der militärische Ehren- und Verhaltenskodex wirkte tief in die bürgerliche Gesellschaft hinein. Hier ein Gruppenbild höherer Offiziere des Dragonerregiments Nr. 19 vor dem Offizierskasino an der Bremer Straße Nr. 28.

Exklusive Gartenpartie: Großherzog Nikolaus Friedrich Peter (im Bild 3. von rechts) mit Familie und Hofgesellschaft im Gefolge bei der Pflanzung eines Baumes im Schlossgarten, 1896. Der vom Hofgärtner Julius Bosse im Auftrag Herzog Peter Friedrich Ludwigs zu Beginn des 19. Jahrhunderts im Stil eines englischen Landschaftsgartens angelegte Schlossgarten war seit jeher für die Öffentlichkeit zugänglich. Allerdings wurde angemessene Kleidung und gutes Benehmen beim Besuch vorausgesetzt. So blieb die Exklusivität des Gartens für Adel und wohlhabendes Bürgertum gewahrt; populärer war in weiten Teilen der Bevölkerung das nahegelegene Eversten Holz.

Zwei zivile Vertreter der höheren Gesellschaft Oldenburgs um die Jahrhundertwende: Oben der Präsident des Oberlandesgerichtes Oldenburg, Martin Bernhard Schomann, gleichzeitig Präsident des Oberkirchenrates Oldenburg zwischen 1893 und 1904. Unten der zwischen 1890 und 1900 regierende Oberbürgermeister Dietrich Gerhard Roggemann. Trotz der aufgrund seines frühen Todes kurzen Amtszeit konnte er einige wichtige Infrastrukturprojekte umsetzen, zu denen etwa ein städtischer Schlachthof, der Hafenausbau sowie die Modernisierung und Erweiterung der Kanalisation zählte.

Mit dem Infanterieregiment Nr. 91, dem Dragonerregiment Nr. 19 sowie dem Ostfriesischen Feldartillerie-Regiment Nr. 62 zählte Oldenburg – unter Einbezug des benachbarten Osternburg – zu den größeren Garnisonsstädten Norddeutschlands. Im Bild die Artilleriekasernen an der Ofener Straße, um 1890. Vorn der erste Kasernenbau aus dem Jahr 1847, im Hintergrund das zwischen 1861 und 1864 errichtete Zeughaus.

Mit den steigenden Anforderungen an wachsende Städte differenzierte sich die öffentliche Verwaltung bereits Ende des 19. Jahrhunderts immer weiter aus. In diesem Bereich entstanden immer mehr Arbeitsplätze; Verwaltung wurde zum wichtigen ökonomischen Standbein, gerade in einer eher unterdurchschnittlich industrialisierten Stadt wie Oldenburg. Der Arbeitsalltag wurde jedoch, anders als in großen Industrieunternehmen, selten fotografisch dokumentiert. Eine Ausnahme bildet die um 1910 entstandene Szene aus dem Oldenburger Rathaus, die Büroangestellte bei der Arbeit zeigt.

Tausende Rekruten, insbesondere aus der Region, durchliefen die militärische Ausbildung in der Kasernen der Stadt. Seit der Einführung der allgemeinen Wehrpflicht zu Beginn des 19. Jahrhunderts hatte sich die Armee immer mehr zum „Staat im Staate" entwickelt, von der Bevölkerung allerdings weitgehend akzeptiert: So präsentierten sich die ausgebildeten Rekruten meist stolz und selbstbewusst zum Abschluss der zweijährigen Ausbildung: Im Bild ein Jahrgang 1900/1902 des Infanterie-Regiments 91 vor der Kaserne Donnerschwee.

Ereignisse

Rund 70mal besuchte Kaiser Wilhelm II. den nach seinem Vater benannten Flottenstützpunkt Wilhelmshaven zwischen 1889 und 1918. Bereits auf seiner ersten Reise an die Jade am 10. April 1889 machte er einen Stopp in Oldenburg und nahm eine Parade ab. Das Bild auf dieser Doppelseite ist zeitlich nicht genau zuzuordnen, zeigt aber Oldenburger Offiziere und zivile Würdenträger wahrscheinlich in Erwartung eines weiteren Kurzbesuches des Kaisers, um 1910.

Als „Weltausstellungen in klein“ sollten Gewerbeausstellungen vornehmlich in den westeuropäischen Industriestaaten das wirtschaftliche Potential einer Region demonstrieren. Sie waren Leistungsschauen des regionalen Industrie- und Gewerbeschaffens, die darüber hinaus durch umfangreiches Kultur- und Unterhaltungsprogramm glänzen sollten. Nach einer 1885 erfolgreich auf dem Pferdemarkt veranstalteten Gewerbe- und Kunstausstellung sprengte die zwanzig Jahre später folgende Landesausstellung 1905 auf den noch nicht bebauten Teilen des Dobben alle bislang in Oldenburg gekannten Dimensionen. Das Ausstellungsgelände zwischen Eversten Holz und Dobbenteichen umfasste 9 Hektar, auf denen insgesamt 37 Ausstellungshallen errichtet wurden. Am 9. Juni 1905 wurde die Landesausstellung im Beisein des Großherzogs (Bild links oben: Begrüßung des Großherzogs Friedrich August) mit einem Empfang im „Großen Restaurant“ auf der Festwiese eröffnet (Bild rechts unten). Über 700 Aussteller aus der Region präsentierten ihre Erzeugnisse. Den Aufsehen erregenden, auch überregional wahrgenommenen Mittelpunkt bildete jedoch die vom Architekten Peter Behrens im zeitgenössisch hochmodernen Stil der Neuen Sachlichkeit errichtete Kunsthalle. Angegliedert waren Attraktionen wie ein Zirkus, eine große Wasserrutsche sowie – ganz im kolonialen Geist der Zeit – ein „Abessinierdorf“ (Bild links unten): Eine aus etwa 70 Personen bestehende Dorfgemeinschaft, die für die Dauer der Ausstellung auf Vermittlung der Firma Bamberger aus London ihre Heimat im Hinterland von Obok (Französisch-Somaliland) verließen, um in Oldenburg einen vermeintlich authentischen Eindruck ihres Alltags zu geben. Die erste und einzige im Oldenburgischen gezeigte „Völkerschau“ entwickelte sich zu einem Magneten der Ausstellung. Als sich die Tore auf den Dobbenwiesen am 31. August 1905 schlossen, waren über 620.000 Besucher registriert und damit alle Erwartungen übertroffen worden.

Stahlwindmotor
„Siegfried"

Geradezu bildikonisch festgehalten ist hier der Flug des LZ 11 ‚Viktoria Luise' am 14. Juli 1912 mit der Kirche St. Peter im Hintergrund.

Parade durch die Lange Straße anlässlich der Feierlichkeiten zum 100jährigen Bestehen des Oldenburger Infanterie-Regiments Nr. 91, August 1913.

Einweihung des Peter-Friedrich-Ludwig-Denkmals auf dem Schlossplatz am 6. Juli 1893. Das in Anwesenheit von Großherzog Nikolaus Friedrich Peter und seiner Gattin Elisabeth enthüllte Denkmal symbolisierte nicht zuletzt die seit der Regentschaft Peter Friedrich Ludwigs stetig gewachsene Verbindung zwischen dem Haus Holstein-Gottorp und ihrer Residenz.

Fortschritt

Der Oldenburger Centralbahnhof, aufgenommen um 1890. Das Großherzogtum wurde erst 1867 mit der über Oldenburg führenden Verbindung zwischen Bremen und dem neuen preußischen Kriegshafen Heppens (seit 1869 Wilhelmshaven) an das Schienennetz angeschlossen. Es folgten in den Jahren darauf die Verbindungen in das ostfriesische Leer und nach Osnabrück. Die Hauptstrecken wurden sukzessive durch ein angeschlossenes Neben- und Kleinbahnnetz ergänzt. Am Knotenpunkt Oldenburg diente in den ersten Jahren zunächst ein Güterschuppen als Empfangsgebäude. Erst mit der Eröffnung des ‚Centralbahnhofes' am 21. Mai 1879 erhielt der Knotenpunkt Oldenburg ein repräsentatives Bahnhofsgebäude, das jedoch wegen seines überladenen historisierenden Stils von Beginn an in der Kritik stand. Bereits 1911 wurde es abgetragen und wich dem 1915 im zeitgemäßen Jugendstil realisierten, auch heute noch beeindruckenden Bahnhofsgebäude des Architekten Friedrich Mettegang.

Noch klassisch mit Kutsche und Pferd transportierte die Post um 1900 ihr Versandgut in Stadt und Land: Paketwagen der Oldenburger Post an der Donnerschweer Straße/Pferdemarkt.

Auf dem Gelände des Rennplatzes in benachbarten Ohmstede fanden seit 1912 Flugtage statt und brachten den Oldenburgern dieses neuartige Verkehrsmittel nahe: Hier eine Privataufnahme vom ersten Flugtag.

Automobile waren in der Stadt in den ersten Jahren des 20. Jahrhunderts zwar immer häufiger zu sehen, doch blieb der Besitz einer exklusiven, wohlhabenden Schicht vorbehalten. Zum sogenannten „Blumentag" in Oldenburg am 15. Juni 1912 zählte ein Corso aus wenigen geschmückten Automobilen zu den Höhepunkten: Im Bild ein Fahrzeug der in Brandenburg an der Havel ansässigen Marke Brennabor vom Typ A 1 vor dem Haus Donnerschweer Straße 20. Der Wagen hatte 8 PS und erreichte eine Spitzengeschwindigkeit von 50 km/h.

Die Eisenbahn hatte sich seit Mitte des 19. Jahrhunderts zum vorherrschenden Transportmittel auch für Güter entwickelt. Bereits um 1900 reichten die Kapazitäten des Umschlagsplatzes der Großherzoglich-Oldenburgischen Eisenbahnen an der Braker Bahn nicht mehr aus. In nur knapp zwei Jahren entstand daher an der Strecke von Oldenburg nach Osnabrück im benachbarten Osternburg zwischen Bahnhofsallee und der Straße Am Schmeel auf rund 53 ha Fläche ein „Verschiebebahnhof" zur Verteilung der zwischen 1900 und 1912 um fast das Dreifache angewachsenen Gütermenge.

Für Oldenburger Verhältnisse imposant und Ausdruck des auch hier um sich greifenden ‚Aufbruchs in die Moderne': Gebäude der „Großherzoglich-Oldenburgischen-Eisenbahn-Gesellschaft" an der Donnerschweer Straße mit dem Bahnübergang Rosenstraße/Pferdemarkt im Vordergrund, um 1910.

Liegeplatz der großherzoglichen Jacht „Lensahn II" zwischen der heutigen Hauptpost und der Huntestraße, an der Einmündung der Mühlenhunte in den Stau, um 1905. Großherzog Friedrich August hatte 1895 sein Kapitänspatent, später dann das Steuermannpatent für ‚Große Fahrt' erworben. Die 1901 auf der Howaldswerft in Kiel vom Stapel gelaufene „Lensahn II" ließ auch längere Fahrten in schwerer See, so 1902 nach Konstantinopel, zu.

Blick von der Eisenbahn-Fußgänger-Überführung an der Ziegelhofstraße auf die Haltestelle Ziegelhofstraße. Mit viel gutem Willen ist dieser Haltepunkt als Vororthalt zu bezeichnen, lag er doch lediglich wenige hundert Meter vom Hauptbahnhof entfernt. Doch zumindest auf diesem Bild aus dem Sommer 1905 wird er offensichtlich von Reisenden frequentiert. Im Vordergrund zu erkennen das Bahngleis nach Leer, auf der anderen Seite des Bahnsteigs die Strecke nach Wilhelmshaven.

Blick auf das erste Elektrizitätswerk der Stadt, um 1910. Es lag an der alten Hunte auf Höhe der Mühlenstraße und versorgte anfangs insbesondere den innerstädtischen Bereich mit Elektrizität, da die Gleichstromtechnik die Verteilung über längere Distanzen nicht ermöglichte. Immerhin wurden ab 1909 die wichtigsten Straßen der Innenstadt elektrisch beleuchtet. Den ständig wachsenden Strombedarf konnte das Werk bereits ein Jahrzehnt nach Inbetriebnahme kaum noch decken. 1926 schließlich wurde ein modernes Drehstromkraftwerk an der Doktorsklappe errichtet, das die Versorgung der gesamten Stadt einige Jahrzehnte gewährleisten konnte.

Die alte Schleuse am Hunte-Ems-Kanal, aufgenommen um 1910 in Blickrichtung der alten Cäcilienbrücke. Links zu erkennen die Torfschuppen, die auf die Bedeutung des Kanals als Frachtweg für den südwestlich betriebenen Torfabbau verweisen. Die bescheidene Größe der Schleuse sowie des abgelichteten Torf-Kahns belegen zusätzlich die ausschließlich regionale Bedeutung dieser künstlichen Wasserstraße, die erst zwei Jahrzehnte ausgebaut werden sollte und als Küstenkanal Weser und Hunte über die Ems mit dem prosperierenden Ruhrrevier verband.

Arbeit und Soziales

Glasmacher der Oldenburgischen Glashütte zeigen ihre Produkte, aufgenommen 1898 von Franz Titzenthaler. Das im Bild vorne links abgebildete Kind leistet Handlangerdienste. Kinderarbeit in Tag- und Nachtschichten gehörte zu dieser Zeit noch zum Fabrikalltag. Ein generelles Arbeitsverbot für Kinder unter zwölf Jahren wurde in Deutschland erst mit dem Kinderschutzgesetz vom 1. Januar 1904 durchgesetzt.

Blick in den Schreibsaal des Stalling-Verlages, aufgenommen 1910. Der 1789 gegründete Verlag entwickelte sich insbesondere unter Führung der Brüder Heinrich und Paul Stalling seit 1896 zu einem Verlagshaus von nationaler Bedeutung, programmatisch mit national-konservativer, später nationalistischer Ausrichtung. Ein an der Ritterstraße 1913 fertig gestellter Neubau ermöglichte die weitere Expansion zu einem der führenden industriellen Betriebe der Stadt.

Angestellte der Bäckerei Haverkamp an der Haarenstraße 32. Davor die Buchhandlung Wiechmann, die sich im Besitz des späteren Verlegers Georg Holzberg befand.

Gebäude mit Schlachterei Freese und Molkerei Rüdebusch in der Achternstraße, aufgenommen von Richard tom Dieck, um 1905. Es handelt sich um das Elternhaus der Frauenrechtlerin Helene Lange (1848-1930). Nach Abriss in den 1960er Jahren entstand hier das Kaufhaus Woolworth.

Das Peter-Friedrich-Ludwig-Hospital, aufgenommen von Franz Titzenthaler 1893. Das repräsentative, im Stil des Spätklassizismus errichtete Hospital war einer der herausragenden Krankenhausbauten seiner Zeit. Die Aufnahme zeigt das Krankenhaus noch eingefriedet durch ein aufwendiges schmiedeeisernes Gitter.

Das evangelische Krankenhaus, um 1910. Es entstand an der Marienstraße als drittes größeres Hospital der Stadt zwischen 1887 und 1893.

Am Theaterwall befand sich zwischen 1886 und 1900 das Atelier des Fotografen Franz Titzenthaler, der 1890 den Titel des Großherzoglich-Oldenburgischen Hof-Photographen erwarb. Sein Sohn Waldemar führte nach der Übersiedlung der Familie von Oldenburg nach Charlottenburg bei Berlin im Jahre 1900 eines der bedeutendsten Fotoateliers der Reichshauptstadt.

Die Eisenbahnwerkstätte der Großherzoglich-Oldenburgischen Eisenbahn entwickelte sich nach Gründung 1867 sehr rasch zu einem der führenden Industriebetriebe der Stadt. Zu Beginn des 20. Jahrhunderts waren bereits über 500 Arbeiter am 1892 an der Karlstraße errichteten neuen Standort beschäftigt. Oben im Bild links Lokomotivschlosser vor einem Lokschuppen der Eisenbahnwerkstätten Oldenburg, aufgenommen 1898 von Max Beyerle, rechts die Wagenschiebebühne des Eisenbahnausbesserungswerkes, um 1905.

Das Modehaus Gehrels an der Achternstraße 21 zählte um die Jahrhundertwende zu den renommiertesten und größten Handelsgeschäften Oldenburgs. Aus Anlass des 100jährigen Geschäftsjubiläums 1911 wurden Schaufenster und Innenbereich aufwändig umgestaltet. Besonders typisch für die Zeit erscheint das Bild der im Geschäft integrierten Uniformschneiderei (links unten).

Zwischen 1890 und 1910 wuchs die Stadt um knapp 10.000 auf 30.242 Einwohner. Mit Blick auf das Deutsche Reich ein vergleichsweise geringer Wert, im regionalen Maßstab jedoch bemerkenswert. Die Anforderungen an die Stadtverwaltung, die überalterte Infrastruktur diesem Zuwachs anzupassen, wuchsen stetig. Im Bild oben Arbeiter bei der Pflasterung der Heiligengeiststraße, aufgenommen 1905, unten bei der Neugestaltung des Marktplatzes 1908.

1909 bezog die zehn Jahre zuvor gegründete Landwirtschaftskammer ein repräsentatives Gebäude an der Mars-la-Tour-Straße 2. Neben Büros und Sitzungsräumen waren auch moderne Laborräume integriert, die den chemisch-technischen Fortschritt dokumentierten, der zunehmend auch den agrarischen Sektor betraf.

Eine wichtige Funktion erfüllte die Stadt seit jeher als Handelszentrum einer landwirtschaftlich geprägten Region, so auch mit regelmäßig stattfindenden Pferdemärkten auf dem ebenso benannten Platz, aufgenommen 1910 von Anna Feilner.

Im Bereich des Handwerks und der Industrie war Oldenburg um 1900 geprägt von mittelständischen Unternehmen, die selten über 20 Arbeitnehmer beschäftigten. Hier ein Bild von Mitarbeitern der seit 1866 an der Mottenstraße 9 ansässigen Geldschrankfabrik und Kunstschmiede Busse, aufgenommen 1914.

Kultur und Freizeit

Das auf das Mittelalter zurückgehende Eversten Holz war seit dem 17. Jahrhundert zunächst gräflicher Lustgarten, Ende des 18. Jahrhunderts herzoglicher Barockgarten, schließlich nach Umgestaltung durch den Landschaftsgärtner Julius Bosse Erholungspark im englischen Stil. Mit der Entstehung des Dobbenviertels Ende des 19. Jahrhunderts entwickelte es sich zum beliebten Naherholungsziel des Oldenburger Bürgertums – eine eher volkstümliche Variante des Schlossgartens.

Das neu errichtete Großherzogliche Theater, um 1895. Der von Hofbaumeister Gerhard Schnitger errichtete Vorgängerbau war 1881 an die Stelle des ersten, noch aus Holz gebauten Oldenburger Theaters getreten. Dieser Bau fiel jedoch am 24. November 1891 einem Brand zum Opfer. Der von Stadtbaumeister Franz Noack realisierte, am 8. Oktober 1893 mit Shakespeares „Kaufmann voin Venedig" eingeweihte Neubau adaptierte den Schnitger-Entwurf mit antikisierenden Stilelementen sowie einer durch Säulen und Giebel hervorgehobenen Fassadenstruktur. Der für die Verhältnisse der mittelgroßen Residenz beeindruckende Bau ist bis in die Gegenwart Fixpunkt des kulturellen Lebens in Stadt und Region.

Der Kaufmannssohn und Kunstsammler Theodor Francksen im Kreise von Freunden und Familie, aufgenommen 1910 in der Roten Halle der Jürgen'schen Villa an der Rosenstraße. Testamentarisch vermachte Francksen seine beiden Villen mitsamt der Kunstsammlung seiner Heimatstadt, die das Erbe nach seinem frühen Tod 1914 annahm. Villen und Sammlung bilden den Kern des heutigen Stadtmuseums.

Der Kirchenchor von St. Lamberti unter der Leitung von Arthur Sandstede (sitzend am Klavier). Aufnahme von 1910.

Großherzog Nikolaus Friedrich Peter ließ das „Augusteum“ als Galeriegebäude für die großherzoglich-oldenburgische Gemäldesammlung an der Elisabethstraße, d.h. auf dem Uferrand der Mühlenhunte, errichten. Architekt war Heinrich Klingenberg d. Ä.. Das 1867 eröffnete Gebäude verweist in seiner Namensgebung auf den zwischen 1829 und 1853 regierenden Großherzog Paul Friedrich August. Die Architekturformen lehnen sich an den „Florentiner Palazzo-Stil der Renaissancezeit“ an. In der gezeigten Aufnahme um 1900 ist die noch am ursprünglichen Bau hervorstechende, von Skulpturen gesäumte Baluster-Galerie auf dem Dach-Kranzgesims bereits abgetragen und dem Zeitgeschmack angepasst.

Der Maler Wilhelm Degode im Treppenhaus des Augusteum, um 1910. Degode stammte aus einer bekannten Oldenburger Kaufmannsfamilie mit Sitz im gleichnamigen Haus an der Ecke Markt/Kleine Kirchenstraße. Er selbst durfte, unterstützt von seinem Vater, seinen früh entdeckten künstlerischen Ambitionen folgen, und absolvierte ein Studium an der Düsseldorfer Kunstakademie. Um 1900 zählte er zu den bekanntesten Landschaftsmalern in Deutschland. Dabei blieb er nicht zuletzt durch zahlreiche Ausstellungen seiner Heimatstadt Oldenburg immer verbunden. Das Foto findet sich im Nachlass des zu dieser Zeit als „Conservator“ der Großherzoglichen Gemäldegalerie tätigen Richard tom Dieck. In älteren Publikationen wird es als „Richard tom Dieck im Augusteum“ bezeichnet. Die äußere Erscheinung lässt jedoch eher auf Degode schließen, in diesem Falle fotografiert von tom Dieck.

Protagonisten der Oldenburger Kultur im Kaiserreich: Der (Heimat-)Schriftsteller Franz Poppe (rechts oben), der Historiker Hermann Oncken (links oben), der Maler Hugo Duphorn (rechts unten) sowie der Hofkapellmeister und Leiter des Oldenburger Singvereins Professor Albert Dietrich.

Die „Lebensreform"-Bewegung zu Beginn des 20. Jahrhunderts war auch in ihren freizügigen Elementen als Gegenentwurf zur wachsenden Urbanisierung und den Materialismus industrialisierter Gesellschaften gedacht. Zur Freizügigkeit gehörte auch die Freikörperkultur, die allerdings im vorliegenden Oldenburger Beispiel noch eher verstohlen gepflegt wurde: Emma Backenhus, Gattin des Malers Gerhard Bakenhus, um 1905 in der Nähe seines Ateliers in Kreyenbrück, aufgenommen von Bakenhus selbst.

Gerade in den unscheinbaren Seitenstraßen der Innenstadt verbargen sich eher rustikale Schankbetriebe und Gastwirtschaften, denen allerdings häufig keine lange Lebensdauer beschieden war. Hier eine Aufnahme aus der Kleinen Kirchenstraße um 1905: Im ehemaligen Wohnhaus des Superintendenten und Geschichtsschreibers Hermann Hamelmann (1525-1595) befand sich bis zum Abriss des Gebäudes 1912 die Kaffeeschenke und Speisewirtschaft von Auguste Harfst.

Blick in die Stadtschenke, Achternstraße 5, um 1905.

Vereine waren im 19. Jahrhundert aus dem Bedürfnis des Bürgertums nach frei gestalteter Geselligkeit und Gemeinschaft zu einer wichtigen gesellschaftlichen Institution geworden: Versammlung eines Oldenburger Kegelvereins, um 1900, vermutlich der Club „Neuntöter" aus Nadorst.

Einer der größten Festsäle der Stadt im typisch überladenen Stil des Historismus der Jahrhundertwende: Blick in den Saal des Schützenhofes an der Ziegelhofstraße, 1905.

Zu den populärsten Sportarten der Zeit gehörte der Radsport. Bereits Ende des 19. Jahrhunderts wurde eine Radrennbahn auf einem geeigneten Gelände der Klosterbrauerei an der Wehdestraße eröffnet. Die zweite Bahn entstand 1910 in Bloherfelde. Stolz präsentieren 1895 mit Siegestrophäen dekorierte Mitglieder des kurz zuvor gegründeten RV Germania ihre ‚Rennmaschinen'.

Zuschauer im Huntebad in Erwartung eines Schwimmwettkampfes, um 1912.

Der Fußball war zu Beginn des 20. Jahrhunderts noch ein bürgerlicher Sport, der sich im Umfeld der höheren Schulen bildete und vereinsmäßig organisierte. Der erste reine Fußballverein war 1897 mit dem F.C. Oldenburg gegründet worden. Mit dem FC Frisia (später SV Frisia) entstand 1912 ein Verein, der sich für kurze Zeit zum führenden Team in Oldenburg entwickelte. Hier ein Bild der ersten Mannschaft kurz nach der Gründung 1912.

In den zu Beginn des 20. Jahrhunderts unverändert nach Geschlechtern getrennten Schulen blieb der Sportunterricht zunächst weitgehend auf das Turnen beschränkt. Die seit ihrer Gründung durch „Turnvater" Jahn gut hundert Jahre zuvor stets deutsch-national ausgerichtete ‚Deutsche Turnerschaft' verteidigte den Schulsport lange Zeit erfolgreich gegen andere, insbesondere importierte Sportarten wie den Fußball. Hier züchtig gekleidete Schülerinnen der Heiligengeisttorschule an der Ehnernstraße, 1908.

Blick auf Staulinie und Staugraben, aufgenommen um 1901. Rechts am Bildrand zu erkennen das ‚Hotel de Russie', eines der vornehmsten Hotels der Stadt in dieser Zeit.